ão

Para: ....

....

De: ....

....

a sempre

Diretora de projeto editorial: Lidia María Riba
Diretora de projeto gráfico: Trini Vergara
Direção editorial: María Nazareth Alves
Direção de arte: Paula Fernández
Colaboração editorial: María Natalia Martínez
Editora: Luciana Salgado
Assistente editorial: Marcia Alves
Preparação: Ana Luiza Couto
Diagramação: Cristina Nogueira da Silva

www.vreditoras.com.br

Este livro foi publicado anteriormente sob o título *Te regalo mi amistad.*

Rua Capital Federal, 263 – CEP 01259-010
Bairro Sumaré – São Paulo – SP – Tel./Fax: (55 11) 4612-2866
editoras@vreditoras.com.br

ISBN: 978-85-7683-309-3

Impresso no Uruguai • Printed in Uruguai

Dados Internacionais de Catalogação na Publicação (CIP)
(Câmara Brasileira do Livro, SP, Brasil)

Roberts, Linda
Os amigos são para sempre / Linda Roberts. –
Cotia, SP : Vergara & Riba Editoras, 2011.
Título original: Te regalo mi amistad.
Vários tradutores.
ISBN 978-85-7683-309-3
1. Amizade - Citações, máximas etc I. Título.
11-05512 CDD-808.882

Índices para catálogo sistemático:
1. Amizade : Citações : Coletâneas : Literatura 808.882
2. Amizade : Máximas : Coletâneas : Literatura 808.882

Os amigos são *para sempre*

Linda Roberts

V&R EDITORAS

A amizade
especial

um lugar

A amizade é um lugar muito especial

Amigo é aquele que – mesmo sabendo que vai nos perder – ajuda-nos a ir atrás de nosso destino.

Francesco Alberoni

Temos um lado bom e outro obscuro.
Dedicarei toda minha vida a encontrar o lado bom
de todos e de cada um.

María Teresa Hunter

Não existe deserto comparável ao de viver
sem amigos: a amizade multiplica os bens
e reparte os males; é o único remédio contra
a sorte adversa e um desabafo da alma.

Baltasar Gracián

A amizade é maravilhosa porque é livre:
não espera nada, dá tudo e a encontramos sem procurá-la.

María Doval

*Mesmo quando estamos sós, nossos amigos
nos acompanham o tempo todo.*

Cultivo uma rosa branca
tanto em junho como em janeiro
para o amigo verdadeiro
que me dá sua mão franca,
e para o cruel que me arranca
o coração com que vivo,
nem cardo nem urtiga cultivo,
cultivo uma rosa branca.

José Martí

Minha confiança no mundo é maior porque tenho meus amigos.

E. N. R.

Conduz com leveza o barco da vida
e o provê só das coisas
que te forem necessárias: prazeres
simples e íntimos, um ou dois
amigos dignos desse nome,
alguém que te ame e a quem ames,
um gato, um cachorro, um cachimbo
(ou dois). Não esqueças provisões
suficientes para nutrir-te e vestir-te,
e um pouco mais do que
o necessário para saciar tua sede...

Jerome K. Jerome

Um amigo verdadeiro ri com tuas piadas
mesmo que não sejam muito boas,
e compartilha teus problemas
mesmo que não sejam muito sérios.

Lucy Larcom

A amizade é como o ouro verdadeiro,
pois quanto mais a usamos, mais reluz,
enquanto o ouro falso escurece rapidamente.

Manuela Casal

O amor precisa de certa cegueira;
a amizade, de muito conhecimento.

Conde de Bussy-Rabutin

O espírito esquece todos os sofrimentos quando
a tristeza tem companhia e amizade que a console.

William Shakespeare

Aqueles que contam com amigos afetuosos
são mais saudáveis e mais felizes que os
que não os têm. Um amigo é um tesouro mais valioso
que o ouro e as pedras preciosas.
O dinheiro pode comprar muitas coisas boas
e más, porém toda a riqueza do mundo
não pode comprar um amigo
nem compensar a perda de um deles.

G. D. Prentice

Estarei perto de ti
quando a chuva começar.

The Rembrandts

Enquanto amarmos, a nossa vida tem sentido;
enquanto formos amados por alguém,
diria que somos indispensáveis:
nenhum homem será inútil enquanto tiver um amigo.

Robert Louis Stevenson

Compartilhar o gosto pelas mesmas coisas (e também o desgosto por outras): essa é a verdadeira amizade.

Salústio

Sigo em frente com uma pequena ajuda dos amigos.

John Lennon e Paul McCartney

O diálogo com os amigos é necessário para manter a prudência. Sozinhos, somos capazes de algum desatino.

Adolfo Bioy Casares

Um amigo é um presente que dás a ti mesmo.

Robert Louis Stevenson

Tive um sonho no qual vi
uma cidade invencível diante
do ataque do restante do mundo.
Sonhei com a nova cidade da Amizade.

Walt Whitman

O que é a verdadeira amizade?
Aquela que me acompanha nas alegrias,
consola as tristezas e contempla
meus erros com indulgência.

Josefina Abal

Am
de sempre...

Amigos de hoje
e amigos de sempre...

Bendito o homem que contempla o rosto
de um amigo em um país longínquo; a escuridão
de seu coração desvanece como em um amanhecer,
retorna o som de uma doce melodia ouvida
tempos atrás e já quase esquecida...,
é como o regresso dos pássaros ao bosque
quando o inverno termina.

Henry van Dyke

Meu velho agasalho e eu vivemos juntos
de forma muito cômoda. Ele adotou
todas minhas rugas, não me incomoda
em nenhuma parte, amoldou-se a meus defeitos,
é complacente com todos meus movimentos
e só sinto sua presença porque
me mantém quentinho. Os agasalhos velhos
e os velhos amigos são iguais.

Victor Hugo

A lembrança de uma amizade dos tempos de escola tem certa força mágica e comove o coração.

Benjamin Disraeli

Meu amigo é meu mestre, discípulo
e companheiro. Ele me ensina, eu o ensino.
Ambos aprendemos e juntos seguimos
o caminho da vida, crescendo.

Enrique Febbraro

Há pessoas que reconhecemos imediatamente
como amigas; nós nos sentimos a salvo
em sua companhia porque sabemos que nunca,
jamais correremos perigo com elas.

Graham Greene

Os anos trazem o melhor destas quatro coisas:
a madeira seca, para ser queimada; o vinho envelhecido,
para beber; os antigos amigos, para confiar;
e os autores clássicos, para ler.

Francis Bacon

Cada amigo representa um mundo dentro de nós,
um mundo que não poderia nascer
sem que ele tivesse chegado.
Nesse encontro único nasce um mundo novo.

Anaïs Nin

Tudo muda, velho amigo, mas nós
continuaremos na semana que vem.

Barry Manilow

Conta comigo quando não puder contar com mais nada.

Juan Luis Guerra

Somos todos viajantes nesse mundo inóspito,
e o melhor que podemos encontrar
em nossa viagem é um amigo fiel.

Robert Louis Stevenson

Alguém irrompe em tua vida como se fosse o destino.
Ri do mesmo que você, e vê o mundo da mesma forma.
Assim é a amizade.

Tenho os mais diversos amigos e todos,
sem exceção, guardam um tesouro.

Paula Herrera

inta delicada

A amizade
é uma planta delicada...

A amizade é uma flor
que nasce rápido e cresce
e o jardim favorece
com seu cálice sedutor,
mas perde a fragrância
e morre de languidez
se lhe falta alguma vez
ser regada com constância.

María Martínez

Quanto mais amigos sinceros,
maior a possibilidade de ter uma vida feliz.

Shelley Taylor

Serei teu amigo, teu outro irmão.
Mais um para querer-te bem e consolar-te.

Jason Mraz

Com os amigos de verdade
não é necessário representar nenhum papel,
podes ser tu mesmo.

E. N. R

Não intervenhas em uma discussão
entre dois amigos teus. Muito provavelmente
um deles deixará de sê-lo.

Santo Agostinho

Amigos tenho aos centos
para a minha delícia
e eu digo sem malícia
com real contentamento
que sou amiga do vento.

Violeta Parra

Porque tive um amigo
que se foi com a aurora.
Ele voava comigo
compartilhando as asas.

Alberto Cortez

A amizade não sabe ser egoísta;
não pertence ao presente nem ao que passou.
Aninha-se no puro transcendental
e, enquanto existe, é incondicional.
É perdoar, buscando compreender.
É poder confiar criando uma irmandade.

Zoraida Armengol

Que a fortuna da amizade
seja sempre tua ao longo dos dias
e no seio de tua mão protetora
te sustente.

Virginia Boswell

Meus amigos me amparam nas horas mais sombrias
e celebram comigo nas horas mais brilhantes.

Henrietta Brown

Amigo, não é possível nascer ou morrer
senão com outro. É bom
que a amizade tire
do trabalho essa aparência de castigo
e da alegria esse ar ilícito de roubo.

Rosario Castellanos

Basta que grites meu nome
e, estejas onde estiver,
virei correndo para estar contigo outra vez.

James Taylor

Eu quero ser para você a ponte
que tornará mais fácil a travessia.

Padre Zezinho

O amor na amizade deve ser gratuito.
Não ames um amigo pelo que ele pode
te dar. Se o amas porque te oferece dinheiro
ou outro bem material, não o amas, e sim
o presente dele. Um amigo deve ser amado
livremente por si mesmo e nada mais.

Santo Agostinho

amizade
é compartilh

A amizade
é compartilhar momentos...

Os amigos nos conhecem nos tempos da abundância.
Nós conhecemos os amigos nos momentos difíceis.

Anthony Collins

Se o seu fardo for muito pesado, chame por mim.

Bill Withers

Amizade é saber colocar-se no lugar do outro
quando ele erra, e compreender.

Elena Oshiro

Mesmo quando os amigos estão longe, não há separação.

Simone Weil

Há algo mais agradável neste mundo
do que sentar-se com três ou quatro amigos diante
de uma mesa farta, na antiga
sala de jantar dos pais, mergulhar
a concha em uma bela sopa e servir os pratos dizendo:
"Provem isso, meus amigos, e digam o que acham"?

Erckmann Chatrian

Muitos querem entrar com você em sua limusine,
mas prefira os que estão dispostos a tomar o ônibus
com você quando a limusine quebrar.

Oprah Winfrey

Nos momentos felizes meu amigo aparece somente
se eu o chamar; mas nos tristes, ele vem sem que eu lhe peça.

Demetrio

Sempre soube que seríamos amigos:
não só porque podemos falar sobre tudo,
mas também porque sabemos calar juntos.

Manuela Casal

Imagine que um homem possa subir ao céu
e dali contemplar todo o universo... Sua admiração
pela beleza não seria completa se não tivesse um amigo
com quem compartilhar seu prazer.

Cícero

As pessoas solitárias conhecem a plena alegria
da amizade. Os demais têm sua família; mas para
o solitário e para o exilado seus amigos significam tudo.

Willa Cather

O amigo: um ser que a vida não explica,
que só se vai ao ver outro nascer
E o espelho de minha alma multiplica...

Vinicius de Moraes

Estende tua mão aberta, abre teu coração, deixa passar
os erros como se fosses cego, e olha com admiração
o esforço alheio. Serás mais rico que um príncipe
se fores um bom amigo.

Edgar A. Guest

A amizade não se inventa.
Nasce naturalmente da comunhão de pensamentos,
das vivências compartilhadas; surge por espontaneidade
e não por decisão própria.

Fiódor Dostoiévsky

O profeta disse ao jovem:
"Que o melhor de ti seja para teu amigo.
Já que ele conhece tua maré baixa,
deixe que também conheça tua preamar.
E não o procures para matar o tempo,
e sim para viver as horas. Porque seu papel
é preencher tuas necessidades,
mas não teu vazio. E que na doçura da amizade
haja risos e prazeres compartilhados,
porque no orvalho das pequenas coisas
o coração encontra sua manhã e se refresca".

Khalil Gibran

Linda Roberts é o pseudônimo da equipe editorial da V&R Editoras, composta por profissionais do mundo do livro que, sob a orientação de Lidia María Riba, compilaram, definiram e editaram as frases que compõem esta edição.

Sua opinião é importante!

Envie uma mensagem para o e-mail **opiniao@vreditoras.com.br**, informando o título deste livro como "assunto".

www.vreditoras.com.br